아픔이 아픔에게

아픔이 아픔에게

인쇄 2012년 11월 10일 | 발행 2012년 11월 15일

지은이 · 송하선
펴낸이 · 한봉숙
주간 · 맹문재 | 편집 · 김재호 | 마케팅 · 박강태

펴낸곳 · 푸른사상사
등록　제2-2876호
주소　서울시 중구 초동 42번지 아시아미디어타워 502호
대표전화　02) 2268-8706~7　팩시밀리　02) 2268-8708
메일　prun21c@yahoo.co.kr / prun21c@hanmail.net
홈페이지　www.prun21c.com

ⓒ 송하선, 2012

ISBN 978-89-5640-962-7　03810

　값 11,000원

☞ 저자와의 합의에 의해 인지는 생략합니다.
　이 책의 전부 또는 일부 내용을 재사용하려면 사전에 저작권자와
　푸른사상사의 서면에 의한 동의를 받아야 합니다.

　e-CIP 홈페이지(http://www.nl.go.kr/cip.php)에서 이용하실 수 있습니다.
　(CIP제어번호 : CIP2012005156)

아픔이 아픔에게

송하선 시선집

| 서시 |

아픔이 아픔에게

아픔이 아픔에게 편지를 쓰나니
그대 마음 아직 아프다는 것은
아직 살아있다는 거다.
살아있다는 것은
아직 어둠의 터널 속에 있다는 거다.

그대 마음 아직 어둡다는 것은
어둠이 어둠을 건너지 못한 때다.
절망이 절망을 건너지 못한 때
외로움이 외로움을 건너지 못한 때
길을 물었으나 길을 건너지 못한 때다.

터널을 건너면 또 하나의 터널,
보이지 않는 어둠을 뚫고
그대 어둠 속을 홀연히 나서거라.
어둠의 터널을 건너면
반드시 빛이 보이는 법이다.

아픔이 아픔에게 편지를 쓰나니
그대 마음 아직 아프다는 것은
아직 꿈을 꾸고 있다는 거다.
꿈을 꾸고 있다는 것은
아직 아픔의 터널 속에 있다는 거다.

| 시인의 말 |

 이 시대를 건느고 있는 그대는 《아픔》을 말할 때가 흔히 있다. 그대 뿐만 아니라 우리 모두는 《아픔》을 말하는 경우가 많다. 이 시대의 우리는 몸이 아니라 마음이 아프다는 거다. 위로와 격려를 받아야 할 사람들이 그만큼 많다는 거다.
 경제는 좀 나아졌다지만, 학생은 학생대로, 직장인은 직장인대로, 노인은 노인대로, 왜 그리 무언가 모를 《아픔》에 시달리고 있는 것인지! 불확실성 시대의 탓일까? 아니면 더 많이 성취할 수 없음에 대한 상대적 박탈감 때문일까? 미래에 대한 불안감 때문일까? 생각해 보면, '아프다'는 말이 이 시대처럼 많이 쓰인 경우는 없었던 듯하다.
 그리고 《치유》라는 말, 《힐링》이라는 말이 이 시대처럼 유행한 적도 없었던 듯하다. 몸의 병은 의사가 담당할 일이지만, 마음의 병은 더욱 치유하기가 어렵다. 그래서 선지자에게 의존하거나 영성에 의지하기도 한다. 때로는 독서에 의존하기도 하고, 거기서 길을 물어 가기도 한다.
 내 나이 일흔 다섯, 공자가 말한 대로라면 '不踰矩'의 나이이다. 드디어 《자유인》의 경지에 이르렀다는 뜻의 나이이다. 나는 이 시집을 정리하며 끊임없이 대중과의 《소통》을 생각했다. 《소통》이 잘 안 되고 있는 현실 속에, 시(詩)마저 거기 부채질해서는 안 되겠다는 생각에서다. 다시 말하자면, 얼굴 모르는 그대에게 편지를 쓰듯, 이 시집을 정리했다는 얘기도 될 수 있다.

대학에서 『현대시론』 강의를 30년쯤 했다지만, 시업(詩業)에 대한 왕도(王道)는 아직도 잘 모른다. 강의할 때, 공리공론(空理空論)만 지껄인 것은 아닌지? 자괴감이 들 때도 많이 있다. 대학에서 정년을 한 후의 내 노년은, 마치 "죽지 부러진 새" 같다는 생각을 한 때가 또한 많이 있다.

이 시집이 그대 《아픔》을 치유할 수는 없는 일이지만, 그 《아픔》을 한 모서리 부분이라도 공유할 수 있지는 않을까? 하는 생각이다. 그래서 이 시집 제목을 『아픔이 아픔에게』라고 붙여 보았다. 이 시집이 그대 가슴에 풍금처럼 울릴 수 있기를 기대할 뿐이다.

2012. 가을에
송 하 선

| 차례 |

- 서시 • 5
- 시인의 말 • 7

제1부

겨울나무	• 15
새떼들이 가고 있네	• 16
손	• 18
사랑을 위한 서시	• 20
매미의 울음 (1)	• 22
매미의 울음 (2)	• 24
매미의 울음 (3)	• 26
풍장	• 28
나비 (2)	• 30
오두막집	• 31
강을 건너는 법	• 32
갈대 (1)	• 34
안개보다도 노을보다도	• 36
꽃	• 37
가시고기 아비의 사랑	• 38
모란	• 40

| 차례 |

제2부

영을 받은 무당	• 43
들풀	• 44
우뢰 소리	• 46
신록의 푸르름 위에	• 48
풍광	• 49
연어에 관한 명상 (1)	• 50
신(神)이 내려주는 언어	• 51
목화꽃 누님	• 52
분수를 보며	• 54
까치집	• 56
학 (2)	• 57
아, 전라도여	• 58
삼례의 장날	• 60
연꽃 (1)	• 62
연꽃 (2)	• 64
연꽃 (3)	• 65
낮은 목소리로	• 66
겨울 풀	• 68
어떤 시인의 초상	• 69

| 아픔이 아픔에게 |

제3부

노인의 침묵	• 73
늙은 소	• 74
삶	• 75
가을의 시	• 76
과수원에서	• 78
죽지 부러진 새 (1)	• 80
죽지 부러진 새 (2)	• 81
죽지 부러진 새 (3)	• 82
늦게 피는 꽃	• 83
그대 가슴에	• 84
머나먼 그 집	• 86
풀꽃의 설법	• 88
산안개	• 89
눈빛	• 90
갈대 (2)	• 92
늙은 소가 가는 길 (1)	• 94
늙은 소가 가는 길 (2)	• 96
노인과 나무	• 98
산의 속살	• 99
늙어가는 법	• 100

| 차례 |

제4부

섬 (1)	• 103
섬 (2)	• 104
섬 (3)	• 106
사랑을 위한 소곡(小曲)	• 107
저 붉은 낙조처럼	• 108
박꽃	• 110
불일암(佛日庵)	• 112
송광사 혼고(昏鼓) 소리	• 114
하늘 아래 첫 동네	• 116
바람 시편	• 118
소쩍새 울음	• 120
독도에서의 그대의 죽음	• 122
저녁놀	• 124
저녁놀 앞에 서 있을 때	• 126
갈대밭	• 128
학이 날고 있네	• 130
'어머니'라는 이름	• 132
아내의 입원	• 133
연꽃 (4)	• 134

■ 작품해설 전통 서정시의 계보를 이어받은 시편들 장석주 • 135

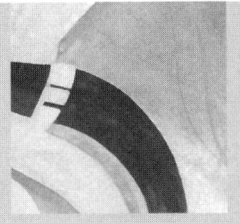

제1부

겨울나무

 겨울나무들이 모두들 제 홀로 깊게 명상하는 자세를 취하고 있습니다. 마른나무 어깨 위에 까마귀 떼를 앉혀 놓은 걸 보니, 아마 죽음 같은 것에 대하여 명상하는 모양입니다.

 겨울나무들이 모두들 제 홀로 깊게 기도하는 자세를 취하고 있습니다. 검은 구름을 몰고 오는 눈보라가 멎을 기미를 보이지 않고 있으니, 아마 구원의 손길을 달라고 기도하는 모양입니다.

 아직도 겨울나무들이 눈을 부릅뜨고 서 있습니다. 산비탈 저쪽엔 진눈깨비가 아직도 안개처럼 깔리고 있습니다.

 겨울나무들이 모두들 제 홀로 깊게 침잠하는 자세를 취하고 있습니다. 산비탈 내리는 진눈깨비 속엔 아직 산까치들이 날아오고 있으므로, 겨울나무는 내일을 기다리며 인동의 시간을 침잠하는 자세로 서 있는 모양입니다.

새떼들이 가고 있네

한 무리의 새떼들이
저녁놀 속으로 날아갑니다
아내와 자식들을 찾아
가물가물 날아가고 있습니다.

새떼들이 찾아가는 곳은
숲속의 안식의 집이겠지만
그들은 집이 온전히 남아 있는지
가족들은 무사히 잘 있는지
어떻게 되었는지
모르는 채
가물가물 찾아가고 있습니다.

지금 그들이 집에 돌아가면
어쩌면 토악질을 하게 될지도
모릅니다. 오늘 그들이 주워 먹은
곡식들 물고기들 때문에
어쩌면 토악질을 하게 될지

남은 생애는 어떻게 될 것인지
모릅니다.

한 무리의 새떼들이
저녁놀 속으로 날아갑니다
그들은 집이 온전히 남아 있는지
남은 생애는 어떻게 될 것인지
모르는 채
가물가물 날아가고 있습니다
저녁놀은 무심히
뉘엿뉘엿 저물어가고 있습니다.

손

이 세상에 태어나는 순간부터
나의 손은 무언가를 붙잡으려고 했네.
누군가의 손길이 닿았을 때
처음 움켜잡으려고 했을 때부터
내 손의 이별의 역사는 시작되었네.

나의 손이 이별의 역사라는 것을
상실의 역사이며 놓아줌의 역사
버리고 떠남의 역사라는 것을
오늘은 새삼스레 생각하게 되는구나.
무엇인가 움켜잡으려고만 했던
그것이 바로 슬픔의 근원이라는 것을.

때로는 이 손으로 그리운 이를
붙잡으려 했고, 때로는 이 손으로
그리운 이를 놓아주었고
때로는 담담하게 때로는 허허로이
내 손이 확인한 그 많은 이별의 순간들.

모처럼 다냥한 겨울 한낮에
마디 굵은 손을 보며 호젓이 앉으니,
유리창엔 아른아른 성에가 피고
성에 핀 유리창 밖엔 그 많은 슬픔의
이별의 얼굴들이 보이는구나.

어떤 이는 슬픈 눈빛으로
어떤 이는 행복한 얼굴로
어떤 이는 천치 같은 모습으로
아지랑이처럼 아른아른 보이는구나.

이별한 사람만 아른아른 보일 뿐
나의 손이 진실로 붙잡은 이는
이 세상엔 아무도 없구나.
나의 손은 원래부터 빈손이었구나.

사랑을 위한 서시

사랑한다는 것은
햇빛의 미소를 배우는 일이다.
스산한 가을날 아침 무렵
나무잎 새의 이슬방울들을
따스하게 어루만지며 잠재우는
햇빛의 미소를 배우는 일이다.

사랑한다는 것은
황혼 빛의 손길을 배우는 일이다.
스산한 가을날 저녁 무렵
알몸이 된 나무들의 간절한 기도를
차마 떨치지 못하고 쓰다듬어주는
황혼빛의 손길을 배우는 일이다.

아, 우리네 고단한 인생살이에
사랑을 한다는 것
사랑이라는 이름의 꽃을 피우는 일은
물처럼 그러나 잔잔한 호수처럼

모두 다 끌어안으며
아름다운 동화의 나라를 꿈꾸는 일.

사랑한다는 것은
저 높은 산의 마음을 배우는 일이다.
하늘 아래 큰어른처럼 우뚝히 서서
손 아래 무릎 아래 형제들을 거느리고
묵묵히 묵묵히 미래를 명상하는
저 높은 산의 마음을 배우는 일이다.

매미의 울음 (1)

한평생 매미처럼
서투른 노래만을 부르다가
이승을 하직한 그 사람
그 사람이 사라지는 뒷모습을
너는 보았느냐

그것이 노래인지 노래 아닌지도
모르면서,
많은 사람들의 가슴에 닿을
피리 소리가 그 노래 속에
있는 건지 없는 건지도 모르면서,
그 노래가 허공으로
재가 되어 공염불이 되어
사라지는 줄도 모르면서,

애간장이 터지게 노래 불렀던
그 사람,
온 생애를 신들린 듯

시를 읊조렸던 그 사람,

그 사람이 사라지는 뒷모습을
매미야
노래 부르는 너는 보았느냐.

매미의 울음 (2)

울어라 매미야
네 목청을 다하여, 네 목청에
불을 질러 노래하라 매미야.

이 광대무변한 우주의
영원의 흐름 위에
찰나를 살고 가는 너의 생애
너와 나는 무엇이 다르겠느냐.

이 영원의 흐름 위에
너도 결국은
외로워서 우는 것 아니겠느냐.
임방울도 외로워서 울다 갔고
장사익도 외로워서 노래한다.
신(神)들도 외로워서
때로는 산속에서 울고 있다.

이 광대무변한 우주의

영원의 흐름 위에
노래하는 일 말고는
또 다른 그 무엇이 있겠느냐
울고 있는 매미야.

매미의 울음 (3)

매미들이 노래 부르는 것은
땅속에서의 칠 년 동안의 고독,
그 고독을
여름날 뙤약볕처럼
노래 속에 풀어보려는 거다.

내가 매미처럼 노래 부르는 것은
지상(地上)에서의 칠십 년 동안의 고독,
그 고독을
여름날 마른번개처럼
노래 속에 풀어보려는 거다.

아아, 여름날 마른번개처럼
내 가슴속 퍼뜩퍼뜩 떠오르는
자연의 말씀, 신(神)의 언어
그대 영혼에
그 말씀이 닿을 수 있을 때까지.

내 가슴속 깊이깊이 묻어두었던
그 말씀의 피리 소리
그 고독을
여름날 마른번개처럼
노래 속에 터트려보는 거다.

풍장
— 티베트의 '풍장' 모습을 보고

그것은 자연으로 다시 돌려보내는 일이다.
아니다 아니다 그것은
수천 마리 독수리의 매서운 입속으로
보내는 일이다.
독수리의 입속으로 핏속으로 들어가서
더더욱 매서운 독수리로 부활하도록
하는 일이다.

그리하여 매서운 독수리로 하여금
죽은 시체들을 또다시 먹게 하는 일이다.
왕성하게 먹고 왕성하게 똥을
눕게 하는 일이다.
누운 똥은 다시 거름이 되고 그 거름은
다시 새 생명을 탄생하게 하는 일이다.
아니다 아니다 그 새 생명을
사람의 입속으로 다시 보내는 일이다.

사람의 입속으로 핏속으로 들어가

부활한 사람 독수리로 하여금
죽어간 생명들을 시체들을 먹게 하는 일이다.
왕성하게 먹고 왕성하게 똥을
눞게 하는 일이다.
누운 똥은 다시 거름이 되고 그 거름은
다시 새 생명을 탄생하게 하는 일이다.
사람 독수리의
새 생명을 또다시 탄생하게 하는 일이다.

나비 (2)

절대 고독이 무엇인지
그 쓰라린 황야를
날아본 사람은 안다.

채워도 채워도 채울 길 없는
날아도 날아도
안식의 나래 접을 곳 없는
그 바람 부는 허기(虛氣) 속을
날아본 사람은 안다.

꽃밭을 찾아 나비가 날 듯
영원 허공을 떠도는
이 지상의
허기진 존재들은 안다.

그 스스로도
꽃비 내리는 마을을 찾아가는
한 마리의
쓰라린 나비라는 것을.

오두막집

고요가 고요를 낳고
침묵이 침묵을 낳고
명상이 명상을 낳고

아, 그대
가는 곳 어드메이뇨?

강을 건너는 법

꽃을 바라보는 마음으로
저기 저 낮은 곳을 보아라.
때로는 이름 없는
풀꽃들과 눈을 맞추거나
인동초 같은 것을 눈여겨 바라보아라.

그대 아직 행복한 것은
물안개 자욱한 강 건너 저 마을
아내가 사립에서 기다리고 있다는 것
그래도 깃들일 수 있는 둥지와
어느 만큼의 양식과
낯익은 시집 몇 권
그대 곁에 놓여 있다는 것,

꽃을 바라보듯
맑은 마음으로 눈을 모으면
노을이 물드는 저 강물도
한 송이 눈부신 꽃으로 보인다는 것,

꽃을 바라보는 마음으로
저기 저 구름을 보아라
때로는 저 구름의 흐름 위에
배를 띄워 놓고
그대 영혼 그 배와 함께 흘러가보라.

갈대 (1)

갈대들이 우는 소리를 들은 것은
그날의 황혼 무렵이다.

그 길고 긴 날 하루의
방황의 끝,
그날의 인연의 끈을
끝내 풀지 못하고
황혼이 물드는 창변에
지긋이 앉았을 때,

바로 그 시간이다
갈대들이 우는 소리를 들은 것은.

아니다 아니다
그해의 겨울 무렵이다.

그 길고 긴 한 해의
방황의 끝,

남길 만한 그 무엇도 없는 세월을
끝내 흘려보내고
무엇으로 남아야 될 것인가를
지긋이 생각할 때,

바로 그 겨울이다
갈대들이 우는 소리를 들은 것은.

안개보다도 노을보다도

아침 안개보다도 아름다운 시를
나는 아직 찾지 못했네.

저녁노을보다도 아름다운 시를
나는 도저히 찾을 수가 없네.

아, 삶이 깊어갈수록
안개보다도 노을보다도
아름다운 시는
분명코 어디에 있음이여.

봄날 아침 안개 속을
걸어가는 이의 시 작품 보다는,

깊은 가을 저녁노을 속을
걸어가는 이의 시들이
아름답고도 깊고 향기로움이여.

꽃

저승 어디에선가
눈짓 한 번
주고 간 그 얼굴.

그대는 왜
이승까지 따라와
오늘 밤
나를 설레이게 하느뇨?

가시고기 아비의 사랑

가시고기 아비는 입이 있어도
말하지 않는다 할 말이 많이 있어도
말하지 않는다
다만 어린아이들을 보호할 뿐
어린아이들에게 먹이를 물어다 줄 뿐
말하지 않는다
묵묵히 아비의 노릇을 할 뿐.

그것이 아비로서의 사랑이라는
말조차도 하지 않는다 사랑이 가슴속에
있다는 말조차도 하지 않는다
다만 어린아이들의 먹이를 위하여
제 일생을 모두 다 소진할 뿐
모두 다 소진하고 드디어 죽을 뿐
죽음에 대하여 말하지도 않는다
묵묵히 아비의 노릇을 할 뿐.

가시고기 아비는 눈물이 있어도

눈물을 보이지 않는다 슬픔이 있어도
슬픔을 보이지 않는다
다만 어린아이들에게 제 살을 먹일 뿐
산산이 부서져 제 살을
아이들에게 먹일 뿐
아픔이 있어도 아픔을 말하지 않는다
묵묵히 아비의 노릇을 할 뿐.

모란

모란은 처음에
하나의 작은 꽃이었는데,

오오래 취하여
바라보고 있노라니,

세계는 온통
모란 하나로 가득하여라.

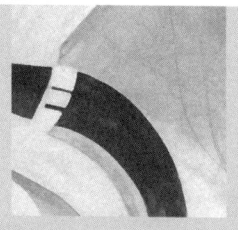

제2부

영을 받은 무당

정말 희한한 일이다
영을 받은 무당을 보면

하늘의 말씀 속으로
그는 무시로 드나들고
사람의 마음속으로
그는 무시로 드나들고,

정말 희한한 일이다
영을 받은 시인을 보면

하늘의 말씀 속으로
그는 무시로 드나들고
사람의 마음속으로
그는 무시로 드나들고,

들풀

들풀들이 가을날 손을 흔드는 것은
오는 겨울 뼛속 깊이 스며들
뿌리들의 절망을 표현하는 일이다.

들풀들이 겨울날 발밑으로 숨는 것은
오는 봄날 핏줄기로 뽑아올릴
뿌리들의 생명수를 예비하는 일이다.

그대, 바람 부는 들녘으로 나와
들풀들이 손을 흔드는 소리
발밑으로 숨는 소리를 들어 보아라.

마음 가난한 자의 가슴으로
마음 비운 자의 가슴으로
들풀들의 몸짓에 귀를 기울여 보아라.

들풀들이 가을날 손을 흔드는 것은
오는 겨울 뿌리들의 인동을

마른 살로 뼈다귀로 표현하는 일이다.

들풀들이 겨울날 발밑으로 숨는 것은
절망을 넘어 인동의 시간을 넘어
뿌리들의 봄날을 예비하는 일이다.

우뢰 소리

그것은 처음 불 칼춤으로부터 시작된다.
성난 귀신들이 불 칼 휘두르며
광폭하게 소리치는 것으로부터 시작된다.

우주는 그 무대요 구름은 그 커튼,
그 커튼을 불 칼로 찢어버리면서부터
우뢰 소리는 시작된다, 그 소리는
은하의 유성들이 광속(光速)처럼
지상으론지 어디론지 내리 꽂히는 소리
억만 년 된 바위들이 쩍쩍 갈라지는
소리를 내며
태초의 시간 속으로 잠시 이끌고 간다.

만 리 밖에서 광폭하게 소리치는
성난 귀신이여 태초의 하늘의 말씀이여.

이 세상 죄 있는 자들의 머리 위에
사정없이 내리치며 호통을 쳐주오.
양철 지붕 위에 우박 떨어지는 소리로

사정없이 사정없이 호통을 쳐주오.

자칫하면 죄를 범하기 쉬운 우리들
자칫하면 잠들기 쉬운 우리들의 영혼
잠들려는 우리 영혼을
호통쳐서 깨우는 것은 그대의 소리뿐
가장 호되게 우리를 질책하는 것은
분명 그대의 소리뿐
선열들의 준엄한 채찍을 가장 확실하게
전달하는 것도 그대의 소리뿐,

가야금 열두 줄을 와르르 끊어버리듯
우리들의 영혼을 맑게 깨워주오.
우리들의 영혼 위에 하늘의 계시를
파천황(破天荒)의 상상력을
가장 빠른 방법으로 전달해주오.
우뢰 소리여
우리에게 주는 하늘의 호통 소리여.

신록의 푸르름 위에

신록의 푸르름 위에
억만 개의 빛살을 보아요.

억만 개의 빛살 위에
일렁이는 생명을 보아요.

일렁이는 생명 위에
넘치는 자유를 보아요.

넘치는 자유 위에
흐르는 사랑을 보아요.

아, 신록의 푸르름 위에
티없는 순결을 보아요.

풍광

천 길 우뚝한 바위 끝에
키 작은 소나무가
아슬하게 서 있습니다.

비바람과 눈보라에
얼마나 많이 시달렸는지,

허리 구부리고
고개 숙이고 서 있습니다.
만고풍상 견디며
웅크리고 서 있습니다.

연어에 관한 명상 (1)

어부가 바다를 향해 떠나는 건
만선이 되어 돌아오기 위함이다.
연어가 바다를 향해 떠나는 것도
만삭이 되어 돌아오기 위함이다.

사랑하는 그대여
우리가 아침에 떠나고
우리가 저녁에 돌아오고
우리도 연어처럼
망망대해를 항해하고 있지만,

우리가 세상을 향해 떠나는 건
빈손이 되어 돌아가기 위함이다.
우리가 내일을 향해 떠나는 것도
빈손이 되어 돌아가기 위함이다.

신(神)이 내려주는 언어

신이 내려주는 언어를
찾아요, 이제 그대
귀신과도 만나는 나이가
됐잖아요.

도시를 아주 과감하게
떠나요, 이제 그대
도시와 결별할 나이가
됐잖아요.

신이 내려주는 언어가
들리는 곳, 이제 그대
그 섬으로 가서
그의 말씀을 들어요.

섬에는 신이 오는 소리
들려요, 귀가 맑게 트여요
진실로 그대 혼자일 때
그가 오시거든요.

목화꽃 누님

흰옷 입은 누님의 얼굴에서는
홀로 되신 어머님의 슬픈 한평생
산비탈 지슴길 오르내리던 모습이
아른아른
보이는 듯하여라.

흰 옷 입은 누님의 얼굴에서는
산비탈 목화밭 어머님의 흐느낌
그 흐느낌 한 소절마다 피던 목화꽃이
아른아른
보이는 듯하여라.

아, 흰옷 입은 우리의 누님
단 하나 외아들을 나라에 바치고
아리게도 지새우던 기나긴 세월
그 세월이 아른아른
눈에 어리고,

흰옷 입은 누님의 얼굴에서는
거룩한 이 나라 그날의 젊은 죽음
강물처럼 피어나던 그날의 목화꽃이
아른아른
보이는 듯하여라.

분수를 보며
— 『曲卽全』을 생각함

곧은 소리로 말하는 너의 외침은
이미 자유가 아니다.
하늘을 향해 힘껏 외쳐대지만
그 외침은 스스로 속박을 만들고
너의 자유는 끝내 환상이 되고 만다.

곧은 소리로 말하라고
너를 뒤밀어 올리는 자는 누구인가.
직선으로 돌진하라고 너에게
충동하는 자는 과연 그 누구인가.

너의 그 끊임없는 좌절을
나는 그냥 바라볼 수가 없다.
너의 그 끊임없는 회귀를
나는 더 이상 지켜볼 수가 없다.

돌아서 가라 돌아서 가라 분수여.
직선으로 돌진하지 말고

우회하여 가는 것이 바른 길이다.
분수를 모르는 너, 분수여.

돌아서 가는 슬기를 지닌 사람이
진정한 자유인이다.
돌아서 가는 슬기를 지닌 사람이
진정한 학문인이다.

돌아서 가는 슬기를 지닌 사람만이
온전한 자유를 누릴 수 있다는 것을
꺾이지 않을 수 있다는 것을
우리는 안다 분수어
분수를 모르는 젊은 사랑이여.

까치집

 까치 부부는 인적이 드문 깊은 산속에는 집을 짓지 않습니다. 아마 그들 부부는 무척 외로움을 타는지, 사람 사는 마을 앞 높은 나무 가지 위에 집을 짓고 아슬아슬 살고 있습니다.

 오늘도 까치 부부는 겨울 양식이 충분치 않은지, 혹한인데도 불구하고 열심히 양식을 물어 올리고 있습니다. 진눈깨비 내리는 날씨인데도 때로는 낡은 집을 고치느라 오르락내리락하기도 합니다.

 때로는 명상의 시간을 갖는 것인지 마른 나뭇가지 위에 오랫동안 앉아 있기도 합니다. 그들 부부의 명상은 사시사철 끝나지 않는 것 같지만, 특히 오늘 같은 겨울 날씨에는 더욱 쓸쓸한 모습으로 명상에 잠겨 있는 듯합니다.

 아마 까치 부부는 노후를 대비하기 위하여 깊게 명상을 하고 있는 것인지도 모릅니다. 그리고 한편으로는 집을 떠난 자식들이 이 혹한을 어떻게 견디며 살고 있는지, 자못 걱정이 되어서 그러는 모양 같기도 합니다.

학 (2)

흰 두루마기를 입고
서산(西山)마루 넘어서 가는
옛날의 선비와도 같이,

때로는 구천(九天)의 끝자락
유유히 흘러서 가는
낮달과도 같이.

이승이거나 아니면
그 어디 저승 산천을
유람이라도 하려는 듯,

꽃비 내리는 마을이거나
아니면 그 어디 선계(仙界)라도
소요유(逍遙遊) 하려는 듯,

학아, 너 그렇게
날아가 보아라
네 영원의 보금자리를 찾아.

아, 전라도여

전라도의 산하여,
너의 머리 위로
휘적휘적 걸어가는 구름
그 구름의 걸음걸이 속에
오늘은 유난히
너의 얼굴이 보인다.

숱한 영욕의 너의 얼굴
그러나 묵묵히 명상하며 살아온
너의 얼굴
아, 갯땅쇠 시비로 얼룩지던
너의 얼굴.

옥분이는 서울로 가고
거덜난 고향의 너의 얼굴
시인 한하운이 떠돌던 황톳길
짚신 발로 뛰던
황토밭머리 파랑새 울음.

전라도의 산하여
그러나 잊지 말아라.

흙 속에 묻어둔 너의 피리 소리,
안으로 안으로만 흐르던
너의 도도한 혼이
마지막 절망의 늪에선
부르르 부르르 경련을 일으키던 것을.

그리고 우렁 껍질처럼 죽어간
농부의 혼 그 혼의 소리
갯펄 끄트머리에서 들려오던
너의 한숨 소리를.

삼례의 장날

삼례의 장날
그대 장터에 가거든 보아라.

조선옷 입은 마음으로
주엽정이 한내다리 거슬러가서 보면,
고산에 사는 옥분이는 고사리 바구니에
쑥꾹새 소리 담아서 오고,
동상면에 사는 삼룡이는 싸리나무 바작에
물방아 쿵쿵거리는 소리 담아서 오고,

조금만 더 그 옛날의 눈으로
되돌아가서 보면
아른아른 되살아오는 할아버지적 얼굴
징게 맹경 솜리 장터를 돌아서 온
잿놈의 육자배기 가락도
신드러진 멋과 흥으로 거기서 다 만나고,
테머리 질끈질끈 이마에 맨
고부 장터 동학군의 목소리도

배들평야 애통이를 언제 돌아서 왔는지
거기서 다 만나고,

삼례의 장날
그대 장터에 가거든 보아라.
조선옷 입은 마음으로 눈 비비며
눈 비비며 손채양하고 다시 보면,
삼일장 팔일장의 삼례 장터에는
아른아른 되살아오는 할아버지적 얼굴,

아 아 그 옛날, 쇠갈퀴 손으로
죽창 들고 달리던 얼굴
전주 감영으로 금마로 갱갱이로
외장치며 달리던
주름지고 일그러진 얼굴 얼굴들……
그 얼굴에서 우리의 얼굴을
거기서 모두 다 만나리라.

연꽃 (1)

멀리 두고 이쯤에서
외로운 황홀 속에 있고 싶네.

그리하여 나의 혼이 밝아오고
나의 혼이 깊어지고
나의 혼이 넓어지는
그 오상(五相)의 얼굴을
이만큼의 거리에서 눈여겨보리니,

사랑이여 잔잔한 호수의 마음이여
그대 열반의 한 세계에 이르면
날 어느 목소리로 불러주려나.

그 부르는 소리 은은히 들리면
그때엔 서서히
몸에 밴 먼지를 털으리다.
흔들리는 물결 위에
흔들리지 않는 심지로 솟은

나의 수녀여.

먼 데서도 가까운 미소는
가장 큰 하늘 아래
비인 그 자리에서 보고 싶네.

연꽃 (2)

바람도 그대 앞에 서면
잠이 드네.

구름도 그대 앞에 서면
스러지네.

멀고도 깊은 곳에서 흘러나온
그대의 웃음,

그대의
웃음 앞에 서면,

잠이 들었던 바람도
불현듯 다시 깨어나네.

스러지던 구름도
불현듯 다시 피어오르네.

연꽃 (3)

그대, 이만큼의 거리를 두고
그윽히 생각하고 있노라면,

물안개 자욱한 호수 위로
환영(幻影)처럼 다시 피어오르네.

아련한 그 미소
한 점 흔들림도 없이,

세상살이 그 번뇌
오롯이 지켜보는 것처럼,

그대, 거울 같은 수면 위에
보살처럼 그윽히 좌정(坐定)하고 있네.

낮은 목소리로

낮은 목소리로 들려주십시오.
나의 말발굽이
치달려가고 있는 언제나
낮은 목소리로 들려주십시오.

달무리를 이루며 가까이 오셔서
아무 말씀도 없어서는 아니 되옵니다.
달무리를 이루다가 사라져 가옵시면
나의 영혼은 사위어 가옵니다
세계는 보여도 소리는 없습니다.

낮은 목소리로 들려주십시오.
밑바닥으로 타들어가는 심지를
돋우어 돋우어주옵시고
나의 호수는 언제나
달무리로 일렁여주십시오.

상실의 문턱 안에서

나를 끄집어 내어주옵시고
나의 혼을 두드리는
목소리 속에 목소리 속에
잠기게 하여주십시오.

산다는 것이 죽는 일일 때
죽어서도 사는 목소리를
배워야겠습니다.

낮은 목소리로 들려주십시오.
나의 말발굽이
치달려가고 있는 언제나
낮은 목소리로 들려주십시오.

겨울 풀

서슬 퍼런 바람에도
풀들은 아직 살아 있다.
전류가 안으로 안으로 흐르듯
어둠의 땅속에 아직 은밀히 살아있는
뿌리들의 훈훈한 교감.

서슬 퍼런 바람 속에서도
풀들은 아직 일어선다.
잠 못 드는 수맥이 물농울쳐 솟구치듯
눈보라 속 눈보라 속에 은밀히
수런대며 일어서는 풀들의 말씀.

아, 이 겨울은
어디쯤 머언가.

인동(忍冬)의 때에 이는 바람의 칼날에도
휘파람 안으로 불며 불며
아직 살아 있는
풀들의 혼.

어떤 시인의 초상

일천구백팔십 년대 그날들은
미안하다 미안하다 미안하다.

안개 속의 그날들은
미안하다 미안하다 미안하다.

하늘을 우러러 그날들은
미안하다 미안하다 미안하다.

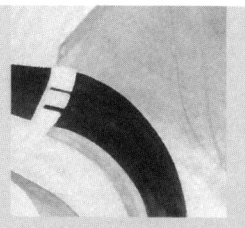

제3부

노인의 침묵

세상 돌아가는 풍경을
바라보는 노인들은
침묵한다.

할 말이 없어서
침묵하는 게 아니라
할 말이 너무 많아서
침묵한다.

걸레스님(중광)의 묘비명
'에이 괜히 왔다 간다' 처럼

걸레같이
돌아가는 세상 풍경
노인들은
할 말이 너무 많아서
아예 침묵한다.

늙은 소

늙은 소는 전생에
아마 성자(聖者)였을 거다.
한평생을 노동으로
스스로를 불사르는 희생으로
묵묵히 묵묵히
이타적(利他的) 삶을 살았던
성자였을 거다.

이승에 와서도 늙은 소는
헛된 사람에게 그걸 가르치려,
골고다 언덕
십자가 짊어진 예수처럼
제 살점 팔리는 도축장으로
묵묵히 묵묵히
주인의 손에 이끌리어
걸어갔을 거다.

삶

그저 물같이 물같이 흐를 일이다.
구름같이 구름같이 흐를 일이다.
물같이 구름같이 흐른다는 것은
비우며 비우며 산다는 것,
영원이라는 시간이 흐름 속에
우리가 무엇을 남긴다 하겠느냐.

육신의 생명이 다한 뒤에
영혼의 생명이 있다지만,
육신의 생명이 다한 뒤의 세상을
가서 본 이는 아직 그 누구도 없다.
흙과도 함께 공기와도 함께
그저 물같이 구름같이 흐를 일이다.

가을의 시

이 가을 누가 또 떠나고 있나보다.
저 멀리 화장장에선
연기가 피어오르고, 피어오르는
연기처럼
누가 또 이 세상을 떠나고 있나보다.

보이지 않는 어둠을 뚫고
살아온 한평생, 그 세월의 무게를
아주 내려놓아버리고
이제는 죽지 부러진 영혼의 날개로
어딘가의 하늘을 날아가고 있나보다.

삶이란 결국은 혼자서 걷는 길
떠날 때도 결국은 홀로 가는 길,
오직 한 사람 함께 가고 싶겠지만
마지막 이름만 부르다가
홀로 돌아갈 수밖에 없는 길.

이 가을 누가 또 떠나고 있나보다.
저 멀리 화장장에선
연기가 피어오르고, 피어오르는
연기처럼
누군가의 영혼이 날아가고 있나보다.

과수원에서

복사꽃들의 웃음 속에는
'평화' 인자들이 섞여 있나봐요.
이른 봄날 과수원에서
복사꽃 웃음판 속에 묻혀 있으면
그 평화로운 웃음들이
우리들 영혼에도 전이되어
더없이 평화로워지거든요.

복사꽃 웃음판의 과수원에는
늙은 소년들의 '웃음' 인자도
섞여 있나봐요.
어쩌면 무릉도원에나 살고 있을
늙은 소년들의 바알간 웃음
그 웃음들이 이 과수원에서는
자꾸만 보이거든요.

늙은 소년들의 웃음판 속에
묻혀 있으면

우리들도 마침내
무릉도원에 와 있는 것 같거든요.

죽지 부러진 새 (1)

죽지가 부러져 날지 못하네.

달은 아직도 저리 웃는데
즈믄 밤 즈믄 날 웃고 있는데,

죽지 부러진
새처럼
이제는 다시 날아갈 수 없네.

죽지 부러진 새 (2)

이상한 일이다 죽지 부러진 새를
상징으로 하여
늙은 시인의 초상을 바라본다는 것.

한때 나는 상상의 날개를 달고
달을 향해 날아가기도 했고
달이 뜬 마을을 헤매기도 했지만,
이제 바람을 재우니 죽지가 부러져
날아보려고 날아보려고
안간힘을 써보아도 더는 날아갈 수 없는
죽지 부러진 새가 되었네.

달은 아직도 저리 웃는데
즈믄 밤 즈믄 날 미소 짓고 있는데
죽지 부러진 새처럼
멀뚱멀뚱 바라만 보고 있는
늙은 시인의 초상.

죽지 부러진 새 (3)

날고 싶지 않은 새가 어디 있으랴.
그대 마음 죽지 부러진 새가 되어
달빛 아래 홀로 앉아보아라.

달빛 속에 잡목림(雜木林) 속에
홀로 고즈넉이 앉으면,
잎이 져버린 잡목림은
너무 소슬하고 객지(客地) 같구나.
잎이 다 떨어져버린 잡목림에는
새들도 둥지를 틀지 않는구나.

잎이 무성하던 그날의 집
그날의 시간 속에
둥지 틀고 싶지 않은 새가 어디 있으랴.

늦게 피는 꽃

늦게 피는 꽃을 눈여겨보았네
남들 다 지고 난 뒤에
서리 내리고 눈이 내린 뒤에,

눈(雪)을 밀치고 호젓이 솟아 나와
늦게 피는 꽃
그 매서운 얼굴을 보았네
오히려 그는 해맑게 웃고 있었네.

그대 가슴에

그대 가슴에
풍금처럼 울릴 수 있는
그런 시 한 줄,
피리처럼 울릴 수 있는
그런 시 한 줄 쓸 수 있다면,

그대 가슴에
문신(文身)처럼 남을 수 있는
그런 시 한 줄,
그대 가슴에 잠자던 귀신도
벌떡 일어날 수밖에 없는
그런 시 한 줄 쓸 수 있다면,

이것이 마지막
"나의 전부요 나의 심장이다"
내 스스로도
겸허하게 말할 수 있는,
드디어 가슴 터지며 나오는

시의 생명,

그대와 내가
함께 전율할 수밖에 없는
그런 시 한 줄
그대 가슴에
풍금처럼 울릴 수 있다면.

머나먼 그 집

내가 만약
저세상으로 가게 된다면
이왕이면 꽃비 내리는 마을
머나먼 그 집으로 가고 싶다.

복사꽃 피고 복사꽃 지고
사시사철 꽃비가 내리는 그 마을,
늙은 소년들이 복사꽃처럼
웃음판을 이루며 살고 있을 그 집.

내가 그 집으로 가게 될 때
물안개 자욱한 저녁
아슴푸레하게 노를 저어 노를 저어
강을 건너면,
어쩌면 아슬아슬 도달할 수도
있을 것 같은 아, 머나먼 그 집.

나도 그 집에 갈 때에는

늙은 소년이 되어
복사꽃처럼 웃으며, 바보처럼
가물가물
영원한 그 집으로 가고 싶다.

풀꽃의 설법

이름도 알 수 없는 풀꽃이
부처의 말씀을 전하려 하네.

가장 낮은 곳에 피어 있지만
그러나 해맑은 웃음으로,

가난한 잡초 속에 묻혀 있지만
그러나 넉넉한 웃음으로,

이름도 알 수 없는 풀꽃이
부처의 설법을 전하려 하네.

산안개

알몸을 모두 다 드러내고 서 있는 산보다
더욱 아름답게 보이는 산의 풍광은
그 산의 허리께에
산안개를 두르고 서 있을 때의 모습이다.

알몸을 지나치게 드러내고 서 있는
여인의 아슬아슬한 모습을 보면
그 여인의 드러낸 허리께를
산안개 같은 드레스로 이냥 감싸주고 싶다.

눈빛

그대의 눈빛은
그대를 바라보는 거울이다.

내가 그대를 바라볼 때
그대가 나를 바라볼 때
서로의 진실을 읽어내는 거울이다.

그 어느 날, 고요로운 저녁나절
그대를 눈여겨 지켜볼 때
그대 눈에는
안개 낀 호수 하나 있고
그 호수에는
달그림자 하나 흐르고 있었나니,

삶이 깊어갈수록
그대의 눈빛 그윽함이여
사랑이 깊어갈수록
달그림자 하나 은은함이여.

내가 살아 있는 동안
침묵의 언어로 말하는
그대의 눈빛은
진실을 바라보는 거울이다.

갈대 (2)

들었는가 그대는
갈대가 울음 우는 소리를,
늦가을의 문턱을 넘어
겨울로 가는 길목에 서서
속으로 울고 있는 갈대의 울음소리.

우리가 살아간다는 것은
겨울로 걸어가는 길이라는 것을
문득 문득
귀신과도 만나는 길이라는 것을
알 만도 한 나이의 황혼녘의 시간.

이 세상에 살아 있는 것은
모두 다 더없이 이쁘게 보이고
이 세상에 생명 있는 것은
모두 다 아름답게 보이는
지금은 겨울로 걸어가는 시간.

늦가을의 문턱을 넘어
겨울로 가는 길목에 서서
<u>으스스</u> <u>으스스</u> 추위를 견디며
속으로 울고 있는 갈대의 울음소리
들었는가 그대는.

늙은 소가 가는 길 (1)

늙은 소 한 마리가 도축장으로 갑니다.
어디로 가는 길인지
그것이 마지막 가는 길인지도
모르는 채
주인의 손에 이끌리어 가고 있습니다.

한평생의 노동의 시간을 뒤로 하고
오직 주인만을 위해 살아온
한평생의 희생의 시간을 뒤로 하고
이제는 제 살점 바치는 곳으로
주인의 손에 이끌리어 가고 있습니다.

고삐 쥔 주인은 가는 곳을 알 테지만
가는 곳을 모르는 채
늙은 소는
성자(聖者)처럼 순교자처럼
한 발 한 발 묵묵히 걸어가고 있습니다.

서편 하늘에는 저녁놀이 곱습니다.
땅거미 들 무렵 물안개가
강물 위에 희부옇게 흔들리고 있습니다.
우리들이 건너야 할 저세상 길도
아마 저런 풍경일 듯 싶습니다.

저런 풍경 속으로 어느 날엔가
우리들의 영혼의 몸짓
늙은 소처럼 아른아른 갈 것입니다.
주인의 손에 이끌리어
가물가물 걸어갈 날 있을 것입니다.

늙은 소가 가는 길 (2)

땅거미 들 무렵
이 지상의 몽환적인 풍경 속을
늙은 소 한 마리
주인의 손에 이끌리어 가고 있네.

어디로 가는 길인지
그 길이 마지막 가는 길인지도
모르는 채,
그저 주인이 이끄는 대로
한 발 한 발 묵묵히 가는 길.

고삐 쥔 주인은 분명
도축장을 향해 끌고 가지만
주인의 속내 알 길 없는 늙은 소는
이승의 마지막이 될 시간 속을
아직도
저녁 식욕이나 꿈꾸며 가겠네.

아아, 그것은
우리네 살아 있다는 것
그 미망(迷妄)의 풍경일 수도 있겠네.

노인과 나무

바람 부는 언덕에
나무들이 한 천년 기다리며 사는 듯한
몸짓을 하고 있는 것은
이따금 한 번씩
예쁜 새떼들이 날아와 조잘대기 때문이다.

바람 부는 마을에
노인들이 한 백년 기다리며 사는 듯한
표정을 하고 있는 것도
이따금 한 번씩
옛날의 소녀들 날아와 조잘대기 때문이다.

산의 속살

산을 내려오다 문득 보았네.
억만 년 동안 은밀히 감추어 온
산의 속살을,

보았네.
산 깊은 숲속 선녀탕의
유리알처럼 투명한 고요로움을,
하늘빛도 숨죽이고 내려와
조심 조심 굽어다 보고 있는
고요로운
선녀탕의 저 깊고 깊은 자궁 속을,

태초로부터 억만 년 동안
은밀히 감추어 온
그 아름다운 순결을
한동안 넋을 잃고 바라보았네.

늙어가는 법

머리에 흰 눈(雪)을 쓰고 서 있는
은빛 갈대들에게서 배웠네.

이 세상 바람이 살랑살랑 불면
살랑살랑 바람에 흔들리며
흔들리며
소슬한 바람도 즐기며 즐기며
그저 늙어갈 수밖에 없다는 것을.

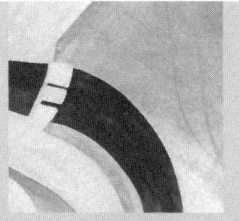

제4부

섬 (1)

우리가 살아간다는 것은
결국은
하나의 섬처럼 남는 일입니다.

섬 기슭에
파도가 잠시 칭얼대다 가듯
밀물로 왔다가 썰물로 떠나가듯,

내 영혼의 기슭에
잠시 보채다가 떠나는 사람들
영영 이별하며 떠나가는 사람들……

우리가 살아간다는 것은
결국은
혼자라는 걸 눈뜨는 일입니다.

섬 (2)

외딴섬에 닿아
섬처럼 고요히 앉아 있으면
디러는 당신과도 만날 때가 있습니다.

태초의 파도 소리 더불어
밤이 이슥하도록
당신과 이야기 나눌 때가 있습니다.

안개 속을 방황하듯
도시에 살 때에는
당신을 만난 적이 전혀 없었습니다.

아마 이즈음의 도시에는
당신은 전혀
내려오시지 않는 모양이지요?

사람이 저마다 섬이 되어
진실로 태초의 바람 소리 들을 때

당신은 비로소
그 섬에만 오시는 모양이지요?

섬 (3)

섬에 앉아 홀로 묵묵히 생각해보면
바다에 떠 있는 것만이 어찌 섬이랴.

이곳에 온 사람들은 저마다 가슴속에
하나씩의 섬을 간직하고 있어서,

저 혼자 깊어가는 밤바다를 보며
하염없는 그리움을 띄워 보내기도 하지만,

잔망스런 별들만이 깜박이는 저 뭍에는
그 그리움을 받아줄 이 아무도 없어라.

밤새 내내 보채는 파도 소리와 함께
기나긴 이야기의 상대역은 오직 당신뿐,

저 혼자 깊어가는 밤바다를 보며
하염없는 그리움을 어찌할 수는 없어라.

사랑을 위한 소곡(小曲)

그냥
휘젓고 갈 일이다.

뒤늦게 후회하지 말고
그냥 닻 올리고
휘젓고 갈 일이다.

저 붉은 낙조처럼

우리가 저세상에 갈 때
저 붉은 일몰의 순간처럼
평온하게, 더없이 평온하게
이승을 하직할 수 있다면,

저 붉은 낙조의 순간처럼
아름답게, 더없이 아름답게
그대와 나
꽃처럼 스러질 수 있다면,

그리하여
그 어디 내생에서라도
그대와 함께 어느 별나라에
꽃처럼
다시 태어날 수 있다면,

그대와 나
얼마나 황홀한 기쁨이랴

얼마나 아름다운
윤회로서의 만남일 것이랴.

박꽃

내 고향의 달빛은 유난히 푸르스름
했었네.
토담 위로 솟아오른 박꽃들이
달빛의 조명을 받으면
그날 밤의 박꽃은
희다 못해 더욱 푸르스름 했었네.

유난히 달이 밝은 초저녁
어머님이 샘물을 길어다가
항아리에 부으실 때
물동이를 이고 토담길을 가실 때
어머님의 모시옷은 박꽃보다도
더욱 푸르스름한 조명을 받았었네.

아, 오늘 밤엔
이 도시의 빌딩 위로
검게 그을은 달덩이 하나 솟아오르고
달덩이 하나가 변두리의 내 집까지

어슴푸레하게 걸어서 오고
어떻게 사는지 안심찮아 그러는지
내 집의 누추한 세간살이들을
기웃기웃 엿보고 있네.

내 고향의 그 푸르스름한 달빛은
길이 멀어서인지 아직 오지 못하고
박꽃 같으시던 어머님
어머님의 모시옷을 조명해주던
맑고 푸르던 그 달빛도 오지 못하고
어찌된 일인지
검게 그을은 달덩이 하나만
낯설게 빌딩 위로 솟아오르고 있네.

불일암(佛日庵)

법정(法頂) 스님을 만나뵈려고
스님이 수도(修道)하셨던 불일암을
찾아서 갔습니다.
아직도 세상의 때가 묻지 않은
오솔길을 걸어서 걸어서 찾아갔습니다.

법정 스님은 어디 가셨는지,
혹시라도 묵언(默言) 중이어서
아무 기척도 없으신지,
마루로 오르는 디딤돌 위에
고무신 한 켤레만 놓여 있었습니다.

실오락으로 뒤축을 꿰멘
흰 고무신 한 켤레
불일암의 정적을 지키고 있었습니다.

너무도 적적하여
슬그머니 방문을 열어보고 싶었지만

스님이 적멸(寂滅)의 세계에
드셨는지 몰라
차마 그 문을 열어볼 수 없었습니다.

스님은 입적(入寂)하셨지만
아직 그 방에 앉아계실 것만 같아
아니, 영원히 그 방 안에
부처가 되어 앉아 계시기를 바라며
결코 그 문을 열어볼 수 없었습니다.

송광사 혼고(昏鼓) 소리

그것은 누구인가의 말씀이었네.
마른번개처럼 마른번개처럼 던져주는
그 누구인가의 크나큰 화두(話頭)였네.

구름 속에 숨어있던 초저녁달도
처연하게 미소 지으며 화답(和答)할 만큼
울음 울게 하는 울음 울게 하는 소리였네.

아예 무심하기 짝이 없는
송광사 산골짜기의 돌멩이들까지
울리지는 못할지라도
마악 초저녁 잠 속으로 빠져들던 숲들을
선잠에서 번쩍 일어나게 할 만큼
그것은 가슴 두근거리게 하는 소리였네.

마른번개처럼 마른번개처럼
그 누구와 혼교(魂交)하는 순간,
바람이라는 바람은 모두 잠재워버리고

번뇌라는 번뇌는
그 순간 모두 다 벗어나게 할 만큼
울음 울게 하는 소리였네.

송광사 초저녁의 큰 북소리는
밤하늘을 울리고 절집들을 울리고
그 누구인가의 목소리
달빛처럼 그득히 넘치게 하고 있었네.

하늘 아래 첫 동네

지리산 정상을 향해 오르다 보면
'하늘 아래 첫 동네'가 있습니다.
신(神)의 자리에 바짝 가까이
고즈넉하게 자리 잡은 마을입니다.

황혼 무렵 그 마을에 가면
또 다른 영적 세계가 펼쳐질 듯
싶기도 하고, 혹시라도 신의 옷자락이
보일 듯싶기도 하고,

혹시라도 짙푸른 짙푸른 숲속
그 아스라한 어디쯤에서
누구신가
성큼 걸어 나오실 듯싶기도 하여
눈여겨 눈여겨 바라보았지만,

나는 아무도 만난 이 없이
다음날 산을 내려오고 말았습니다.

구름에 젖으며 이슬비에 젖으며
산을 내려오고 말았습니다.

아무래도 나는
'하늘 아래 첫 동네'의 주민 자격을
아직 얻을 수는 없다는,
언젠가 얻을지도 모른다는
그런 생각들에 젖으며
그냥 산을 내려오고 만 것입니다.

바람 시편

바람의 정령(精靈)은
저 혼자 놀다가 심심해지면
그대 옷깃 건드려보기도 하지만
그러나 결코 소리를 내지는 못한다.
다만 소리 낸 것은
그대 옷깃이거나 나무 잎새일 뿐.

바람의 정령은
저 혼자 놀다가 적적해지면
그대 살갗 스쳐가기도 하지만
그러나 결코 스며들지는 못한다.
다만 스며든 것은
그대 가슴이거나 목마른 혀일 뿐.

아아, 스며들지 못하고
소리 내지도 못하고
스쳐 지나갈 수밖에 없는 바람,
그대 둘레만을 맴돌다 비껴가는

바람의 정령.

그대의 영혼 깊숙히
스며들지 못하는
그대 영혼 깊이깊이
스며들지 못하는 바람의 정령.

소쩍새 울음

소쩍새는
이승에서만 우는 게 아니라
마디마디 곡절을 담은 소리로
저승에서도 울고 있구나.

깊은 밤 들려오는 저 환청의
울음소리는
그것은 분명 죽은 누이가
소쩍새 되어 우는 소리.
누이는 아직도 원혼으로 떠돌며
저렇게 울고 있구나.

이승에선 듯 저승에선 듯
들려오는 저 핏빛 울음소리,
맺히고 맺힌 누이의 저 울혈(鬱血)을
어떤 실오락으로 풀어주나.
어떤 실오락으로
그날의 인연을 사하여 달라 전하나.

속절없이 해답도 없이
이슥한 밤 소쩍새 소리 듣는다.
마디마디 곡절을 담은 저 소리
밤새 내내
소쩍새 울음의 환청에 젖는다.

독도에서의 그대의 죽음

백제 설화 '도미전'의 주인공
도미* 부부처럼
나무뿌리 풀뿌리로 연명을 하며
독도에나 가서 살고 싶네.

도미 부부의 지조와 절개
이어받으며
백제인의 풀뿌리 근성
끼니 끼니 생각을 하며,

아아, 천부당만부당한
일본인의 야욕에 침을 뱉으며
그 섬에서 한반도를
그윽히 그윽히 지켜보고 싶네.

도미 부부처럼 아내와 함께
생의 마지막 겨울을 맞으면,

그 겨울의 끝자락에서도
사랑의 불을 호젓하게 지피고,
아내와 함께 섬 기슭에서
조속조속 조을다가
마지막
폭삭 삭아버리고 싶네.

* 도미 : 백제 설화 「도미전」에 나오는 남자 주인공의 이름.
　　개루왕에 의해 장님이 된 그는 절개를 지키고 바다 건너 찾아온
　　아내를 만나 풀뿌리 나무뿌리로 연명을 하며 숨어 살던 섬에서 그
　　들의 여생을 보냈다 함.

저녁놀

황혼길에 서서 바라보는 저녁놀은
그저 평온하고 아름답기 그지없다.
더없이 아름답게 스러져가는
저 붉은 낙조의 순간을 지켜보는 것은
그대와 내가 이미
적막한 황혼길에 접어들었기 때문이다.

갈대들이 스스스 울고 있는 가을날
그대와 내가
우두커니 서서 지켜보는 저녁놀,
더없이 평온하게 떨어져가는
저 붉은 일몰의 순간을 지켜보는 것도
적막한 황혼길에 서 있다는 이유이다.

아, 우리들이 지나온 세월의 무게,
이제는 한낱 순명의 자세로
허허로이 남아 있을 뿐이지만
그래도 자연만은 너그러운 모습으로

이 시간 고요히 숨을 죽이고
그대와 나는 잠시
저 일몰의 순간과도 같은
평온한 종말을 상상해본다는 것,

그러나 아직도 붉디 붉은 저녁놀은
마지막까지 이 지상을 어루만지고
그대와 내가
황혼길에 서서 바라보는 저녁놀은
그저 평온하고 아름답기 그지없다.

저녁놀 앞에 서 있을 때

해가 솟을 때보다
더욱 아름다운 것은
서녘으로 떨어지는 순간이다.
하루 종일 해는 바다와
바다의 물결들과 어울려 놀다가도
마지막 작별만은 못내 아쉬운 듯
떨어질 듯 말 듯
머뭇머뭇 머뭇거리고 있는
저 서녘 하늘의 일몰의 순간.

처음 만날 때보다
더욱 아름다운 것은
그대 헤어지는 순간이다.
하루 종일 그대와 나는 산과 들과
들판의 꽃들과 어울려 놀다가도
마지막 작별만은 못내 아쉬운 듯
헤어질 듯 말 듯
머뭇머뭇 머뭇거리고 있는

그 저녁 무렵의 작별의 순간.

그 순간
저녁놀 앞에 서 있을 때
그대는 가장 아름답다.

갈대밭

그대, 서천으로 가는 길에
은빛 바다 한가운데 서보았느냐,
가을 산책길 스산한 마음이 되어
은빛 머리칼 흩날리고 있는
갈대밭 풍경 속에 젖어 보았느냐.

그곳에 가면
늙어버린 노인들이 왜 그다지도 많은지
왜 그렇게 노인들이 겉늙어버렸는지,
황혼 무렵 미풍이라도 불면
스스스 서걱이는 노인들 목쉰 소리
가슴 시리게 귓속말 나눠보기도 하고
거울처럼 흐르는 강물 위에
때로는 은빛 머리칼 비춰보기도 하지만,

이제 노인들은 겨울이 두려워
머잖아 만나자는 기약도 할 수 없이,
이별하고 또다시 이별해야만 되는

추위를 타는 추위를 타는 노인 갈대들.

강물 속에 옛날처럼 웃고 있는
아른아른한 초승달마저도
그 언제 만나자는 기약도 할 수 없이,
황혼 무렵 세월만이
땅거미 속에 어둑어둑 묻혀가고만 있네.

학이 날고 있네

1

높은 산
넘어서 가는
흰 구름과도 같이,

산마루
돌아서 가는
흰옷 입은 선비같이,

세상 일
굽이 굽이
지켜보는 것처럼,

지구촌
훠얼 훠얼
둘러보는 것처럼,

2

멋이야 부릴 테면
흰옷을
입어야 되는 법,

이 세상 그 무슨 옷도
흰옷을
당할 수는 없는 법,

구름 속
소요유 하는
흰옷 입은 학처럼,

이승 저승을
가고 또 오는
흰옷 입은 신선처럼.

'어머니'라는 이름

'어머니'라는 이름은
정말 아름답고 위대한 이름이어요.
'어머니' '어머니'라고
나즉이 나즉이 부르기만 해도
금새 우리들 영혼은
더없이 맑아지고 깨끗해져서
마치 성자 앞에 무릎 꿇은
어린 양처럼
순백의 영혼으로 되돌아가거든요.

아아, 몸과 마음이 지치고 힘들 때
우리들 삶이 몹시 팍팍해질 때
'어머니' '어머니'라고
나즉이 나즉이 부르기만 해도
금새 우리들 영혼은
순백의 어린 양이 되고
무언가 모를 힘이 솟아나서
마음은 어느덧
그 옛날 소년으로 되돌아가거든요.

아내의 입원

아내는 이 어둔 밤 병원에 누워 있고
나는 돌아와 안방에 누워 있다.

평생 동안 한방에 살던 아내,
갑자기 둘로 나뉘어 어둠 속에 묻혔다.

'어둔 방은 우주로 통하고
하늘에선가 소리처럼 바람이 불어온다.'

어느 훗날 내가 저승에 있고
아내도 이 우주의 어딘가에 있다면,

그 나라의 어둔 방은 우주로 통하고
내 영혼은 아내 찾아 어느 별 헤매일까.

※ ' ' 부분은 윤동주의 시(「또 다른 故鄕」)에서 차용한 것임.

연꽃 (4)

연꽃 '만나고' 그는 갔다.
연꽃 '만나러' 나는 간다.

'만나고'와 '만나러' 사이,
그것은 궁륭보다 넓고 깊다.

어디쯤일까?
내가 연꽃 '만나고' 가는 길은.

| 작품해설 |

전통 서정시의 계보를 이어받은 시편들
— 송하선의 시세계

장 석 주
(시인 · 문학평론가)

1.

송하선의 첫 시집(『다시 長江처럼』(1970))에서부터, 여섯 번째 시집(『새떼들이 가고 있네』(2003))에 수록되어 있는 시편들은, 대체로 전통 서정시의 계보에 속하는 시들이 주류를 이룬다.

시력(詩歷) 마흔 해를 거뜬히 넘는 송하선 시인의 시세계는 소월(素月) 김정식(金廷植)으로부터 미당(未堂) 서정주를 거쳐 박재삼으로 이어지는 전통 서정시의 계보에 속한다. 송하선의 시들은 우리 시를 휩쓸고 지나간 민중시도 아니요, 해체시도 아니요, 생태시도 아니다. '나'의 개체적 삶의 경험에서 길어내는 소박하고 조촐한 서정시의 세계다.

개체의 경험 중에서도 숭고하고 장엄한 것보다는 자연이나 가족, 이웃, 나날이 일상과의 교섭에서 이루어지는 하찮고 사적인 경험들이 압도적으로 많이 쓰인다. 우선 그의 시들은 삶으로부터 나오는 정한(情恨)의 세계를 주로 노래한다.

>한평생 매미처럼
>서투른 노래만을 부르다가
>이승을 하직한 그 사람
>그 사람이 사라지는 뒷모습을
>너는 보았느냐
>
>그것이 노래인지 노래 아닌지도
>모르면서,
>많은 사람들의 가슴에 닿을
>피리 소리가 그 노래 속에
>있는 건지 없는 건지도 모르면서,
>그 노래가 허공으로
>재가 되어 공염불이 되어
>사라지는 줄도 모르면서,
>
>애간장이 터지게 노래 불렀던
>그 사람,
>온 생애를 신들린 듯
>시를 읊조렸던 그 사람,
>
>그 사람이 사라지는 뒷모습을

매미야
노래 부르는 너는 보았느냐.

— 「매미의 울음 (1)」 전문

「매미의 울음」은 시인으로 한평생을 산 자신의 처지를 '매미'에 빗대어 돌아보는 시다.

어쩌면 시인은 생물학적 노년기에 접어든 자신의 인생을 돌아보며 생산과 건설보다 시를 짓고 읊조리며 살아온 자신의 삶에 한 점 회한을 갖고 매미 같다고 느꼈을지도 모른다. 송하선 시인의 다른 시편들이 그러하듯이 이 시도 특별한 사회적 감각이나 윤리적 기율보다는 지나버린 생에 대한 관조에서 빚어진 덧없음을 노래한다. 그 덧없음은 노래들이 허공 속에 재가 되어 사라져버렸기 때문이 아니라 그게 "사라지는 줄도 모르면서,//애간장이 터지게" 노래를 불러왔다는 사실로부터 연유한다. 무지는 어리석음을 낳고 그것은 마땅히 반성의 까닭이 되는 것이다. 그렇나 할지라도 한여름철 나무에 달라붙어 "애간장이 터지게" 울어 제끼는 매미를 어리석다고만 할 수 없다. 매미의 울음은 생물적 개체로서 부여받은 신성한 생의 소명인 것이다. 그것은 일에 지친 사람에게 청량한 위로가 되었을 수도 있다.

절대 고독이 무엇인지
그 쓰라린 황야를

날아본 사람은 안다.

채워도 채워도 채울 길 없는
날아도 날아도
안식의 나래 접을 곳 없는
그 바람 부는 허기(虛氣) 속을
날아본 사람은 안다.

꽃밭을 찾아 나비가 날 듯
영원 허공을 떠도는
이 지상의
허기진 존재들은 안다.

그 스스로도
꽃비 내리는 마을을 찾아가는
한 마리의
쓰라린 나비라는 것을.

—「나비 (2)」전문

「나비 (2)」와 같은 시는 직설의 어법으로 인생에 대한 감회의 일단을 털어놓는다. 크고 작은 문제를 안고 있는 인생의 하중(荷重)에 짓눌린 상태에서 행복을 느끼기란 쉽지 않은 일이다. 그 행복이 "물안개 자욱한 강 건너 저 마을/아내가 사립에서 기다리고 있다는 것/그래도 깃들일 수 있는 둥지와/어느 만큼의 양식과/낯익은 시집 몇 권/그대 곁에 놓여 있다는 것"(「강을 건너는 법」)에서 토로하듯이 소박하고 작은 것이라 할지라도 쉬운 일이 아니다. 송하선 시인에 따르면 인생이란 '쓰라린 황야를 날아가는' 것이다. 수많은 서정시인들은 인생을 빗대 고단한 여행길이라고 말하고 그 객수(客愁)를 노래해왔다. "절대 고독"은 그 객수의 한 일단이다. "채워도 채워도 채울 길 없고", "날아도 날아도/안식의 나래 접을 곳 없는" 인생의 '허기(虛氣)'에서 그 절대 고독은 연유한다. 우리가 그 절대 고독에 공감하는 것은 그것이 인생을 깊이 관조한 자의 마음 바탕에서 나오는 짙은 애수가 서려 있기 때문이다. 부득이 구차한 삶을 꾸리지 않았더라도 인간이 "꽃밭을 찾아 나비가 날 듯" 불가피하게 "영원 허공을 떠도는" 존재임을 깨닫는 존재라면 느끼는 그 절대 고독인 것이다. 그 절대 고독은 송하선 시인의 시세계의 후경(後景)이라고 할 수 있다.

> 그것은 자연으로 다시 돌려보내는 일이다.
> 아니다 아니다 그것은
> 수천 마리 독수리의 매서운 입속으로
> 보내는 일이다.
> 독수리의 입속으로 핏속으로 들어가서
> 더더욱 매서운 독수리로 부활하도록
> 하는 일이다.
>
> 그리하여 매서운 독수리로 하여금

죽은 시체들을 또다시 먹게 하는 일이다.
왕성하게 먹고 왕성하게 똥을
눕게 하는 일이다.
누운 똥은 다시 거름이 되고 그 거름은
다시 새 생명을 탄생하게 하는 일이다.
아니다 아니다 그 새 새명을
사람의 입속으로 다시 보내는 일이다.

사람의 입속으로 핏속으로 들어가
부활한 사람 독수리로 하여금
죽어간 생명들을 시체들을 먹게 하는 일이다.
왕성하게 먹고 왕성하게 똥을
눕게 하는 일이다.
누운 똥은 다시 거름이 되고 그 거름은
다시 새 생명을 탄생하게 하는 일이다.
사람 독수리의
새 생명을 또다시 탄생하게 하는 일이다.

—「풍장」전문

 '티베트의 '풍장' 모습을 보고'라는 부제가 붙어 있는「풍장」은 나고 죽는 생명의 자연스런 순환의 고리를 말한다. 죽음을 말할 때조차 불필요한 감정의 낭비를 억제하며 담담한 어조로 노래할 줄 아는 시인이야말로 품격 있는 시인이다. 우리는 살면서 여러 현실적 곤란을 겪는다. 존 쿠퍼 포우어스는 존재가 겪는 현실적 곤란들이 "상실, 궁핍, 질병, 신경

질적인 흥분, 격정과 질투, 혐오와 악의, 잔혹과 야수적 행위, 무료, 자기 탐구, 야심, 경박, 모든 종류의 감기, 공복, 불결, 피폐, 불면증과 고통에 관계되는 것들"이라고 말한다. 우리가 원하건 원치 않건 간에 그런 현실적 곤란이 초래한 궁지에 몰려 허겁지겁 삶의 길을 달려와서 맞닥뜨리는 죽음 앞에서 허무감과 깊은 쓸쓸함을 느끼는 것은 자연스런 일일 터이다. 그러나 그 죽음을 눈앞에 두고 있는 시인의 어조는 의외로 담담하다. 시인은 죽음을 마치 무정물적인 것처럼 다룬다. 시체를 독수리의 먹잇감으로 방치하는 이국(異國)의 낯선 장례 풍습이 충격을 줄 수도 있었을 텐데, 시인은 그저 죽음이 '자연으로' 다시 되돌아가는 것이라고 노래한다. 죽음과 삶은 한몸이다. 순환하는 것이다. 그래서 소멸은 소멸로 끝나는 것이 아니고 다시 새 생명을 얻어 돌아온다. 어쨌든 죽음을 뒤집어서 새로 태어날 생명을 그리고 있는 이 시를 붙들이고 있는 평화, 혹은 '축복 받은 고요한 정조(情調)'는 인상 깊은 것이다.

> 한 무리의 새떼들이
> 저녁놀 속으로 날아갑니다
> 아내와 자식들을 찾아
> 가물가물 날아가고 있습니다.
>
> 새떼들이 찾아가는 곳은

숲속의 안식의 집이겠지만
그들은 집이 온전히 남아 있는지
가족들은 무사히 잘 있는지
어떻게 되었는지
모르는 채
가물가물 찾아가고 있습니다.

지금 그들이 집에 돌아가면
어쩌면 토악질을 하게 될지도
모릅니다. 오늘 그들이 주워 먹은
곡식들 물고기들 때문에
어쩌면 토악질을 하게 될지
남은 생애는 어떻게 될 것인지
모릅니다.

한 무리의 새떼들이
저녁놀 속으로 날아갑니다
그들은 집이 온전히 남아 있는지
남은 생애는 어떻게 될 것인지
모르는 채
가물가물 날아가고 있습니다
저녁놀은 무심히
뉘엿뉘엿 저물어가고 있습니다.
―「새떼들이 가고 있네」 전문

 저녁놀 진 서편 하늘을 날아가는 한 떼의 새를 바라보며 느

낀 감회를 적고 있는 위의 시편은 보다 일상적이다. 날아가는 새들을 보고 "그들은 집이 온전히 남아 있는지/가족들은 무사히 잘 있는지/어떻게 되었는지/모르는 채/가물가물 찾아가고 있습니다"라고 일상 속에 잠재된 불확실성과 위험들에 대한 걱정을 적음으로써 간접적으로 태평스럽지 못한 세월을 건너온 시인의 삶을 엿보게 한다. 하루 일과를 끝내고 안식의 집으로 돌아가는 길에서 아내와 자식들은 다 별일이 없는지, 집은 제대로 무사한지를 걱정하는 것은 기우에 지나지 않은 일인지도 모른다. 비약일지 모르지만, 나는 시인의 삶을 관통하고 있는 해방과 분단, 전쟁과 혁명, 피의 항쟁과 민주화라는 거친 과정을 이어온 역사가 한 개체의 무의식 속에 새겨놓았을 가족과 일상의 안위에 대해 무시로 파고드는 걱정들을 떠올린다. 그것은 기우가 아닌 것이다.

겨울나무들이 모두들 제 홀로 깊게 명상하는 자세를 취하고 있습니다. 마른나무 어깨 위에 까마귀 떼를 앉혀 놓은 걸 보니, 아마 죽음 같은 것에 대하여 명상하는 모양입니다.

겨울나무들이 모두들 제 홀로 깊게 기도하는 자세를 취하고 있습니다. 검은 구름을 몰고 오는 눈보라가 멎을 기미를 보이지 않고 있으니, 아마 구원의 손길을 달라고 기도하는 모양입니다.

아직도 겨울나무들이 눈을 부릅뜨고 서 있습니다. 산비탈 저쪽엔 진눈깨비가 아직도 안개처럼 깔리고 있습니다.

겨울나무들이 모두들 제 홀로 깊게 침잠하는 자세를 취하고 있습니다. 산비탈 내리는 진눈깨비 속엔 아직 산까치들이 날아오고 있으므로, 겨울나무는 내일을 기다리며 인동의 시간을 침잠하는 자세로 서 있는 모양입니다.

—「겨울나무」 전문

이를테면 제 마른 어깨 위에 까마귀 떼를 앉혀 놓고 "홀로 깊게 기도하는 자세"를 취하고 서 있는 "겨울나무"는, 시인이 문득 성자를 보았던 "소"와 겹쳐지는 시적 이미지다. "소"의 이미지의 식물적 변용이 "겨울나무"인 것이다. "겨울나무"는 눈보라가 멎을 기미가 없는 한 겨울의 궁지 속에서 현실의 수난을 고스란히 견디며 '인동의 시간'을 살아내는 성자인 것이다. 성스러움을 깡그리 탕진한 이 세속의 시대에 '소'나 '겨울나무'와 같은 미물에서 성자의 삶을 읽어내는 시인의 마음은 인간의 편견과 오만으로부터 저만치 벗어나 있는 드물게 보는 겸허하고 순수한 마음일 터이다. 시인은 또 다른 시편 「나목」(『새떼들이 가고 있네』, 2003)에서 '모든 욕망을 털어버리고/지워버려야 될 것을 모두 지워버리고/떠나보내야 할 것을 모두 떠나보내고/부질없는 사랑도 부질없는 흔적들도/모두 다 털어 버려야 된다는 것을/바람결에 떠나보내야 된다는 것을' 가르쳐주는 존재라고 말한다. 시인은 '나목'에서 무소유를 추구하는 탁발승(托鉢僧)의 모습을 읽어내는 것이다.

이 세상에 태어나는 순간부터
나의 손은 무언가를 붙잡으려고 했네.
누군가의 손길이 닿았을 때
처음 움켜잡으려고 했을 때부터
내 손의 이별의 역사는 시작되었네.

나의 손이 이별의 역사라는 것을
상실의 역사이며 놓아줌의 역사
버리고 떠남의 역사라는 것을
오늘은 새삼스레 생각하게 되는구나.
무엇인가 움켜잡으려고만 했던
그것이 바로 슬픔의 근원이라는 것을.

때로는 이 손으로 그리운 이를
붙잡으려 했고, 때로는 이 손으로
그리운 이를 놓아주었고
때로는 담담하게 때로는 허허로이
내 손이 확인한 그 많은 이별의 순간늘.

모처럼 다냥한 겨울 한낮에
마디 굵은 손을 보며 호젓이 앉으니,
유리창엔 아른아른 성에가 피고
성에 핀 유리창 밖엔 그 많은 슬픔의
이별의 얼굴들이 보이는구나.

어떤 이는 슬픈 눈빛으로

어떤 이는 행복한 얼굴로
어떤 이는 천치 같은 모습으로
아지랑이처럼 아른아른 보이는구나.

이별한 사람만 아른아른 보일 뿐
나의 손이 진실로 붙잡은 이는
이 세상엔 아무도 없구나.
나의 손은 원래부터 빈손이었구나.

―「손」 전문

「손」은 송하선 시인의 특징을 두루 보여주는 시편이다. 어렵지 않은 구문 속에 인생의 소박한 진실을 담아내려는 노력이 "이 세상에 태어나는 순간부터/나의 손은 무언가를 붙잡으려고 했네"와 같은 구절을 빚어냈을 것이다. 대지의 어머니로부터 떨어져나왔을 때 인간은 살기 위해 손을 뻗어 무언가를 움켜쥐었을 것이다. 무언가를 붙잡으려는 손은 곧 실존적 기투(企投)에 대한 좋은 은유이다. 우리는 먹고살기 위해 일해야 한다. 일을 한다는 것은 손을 쓴다는 것이다. 산다는 것은 손을 뻗어 이 세계로부터 무엇인가를 쟁취하려는 욕망과 충족의 변증법적인 체계에 지나지 않는다. 그리하여 손이 일궈내는 역사는 "상실의 역사이며 놓아줌의 역사/버리고 떠남의 역사"이고 이것이 곧바로 삶의 역사에 겹쳐지는 것이다. 시인은 유리창에 성에가 끼고 햇빛이 따뜻한 겨울 한낮에 제 손을 물끄러미 들여다보며 지나온 생을 반추한다.

손은 근원적이고 전체적인 삶의 역사를 하나의 근경(近景)이자 축도(縮圖)로 보여주는 것일 게다. 그 손이 움켜쥐고 있는 구체적이고 개별적인 삶의 뜻을 되새기는 행위는 고즈넉하다. 이것은 자기가 자기 안에서 자기를 보는 행위에 속한다. 즉 "낯섦/불안, 어두움의 경험을 친숙함/안심/밝음의 경험으로 전환하는 것"이다. 시를 쓰는 행위도 인간의 경험을 어두운 것에서 밝은 것으로 낯선 것에서 친숙한 것으로, 전환하는, 즉 주체화하는 행위의 한 범주에 드는 일이다. 그러나 이것도 살아 있는 동안에나 가능한 일이다. 시인은 "살아간다는 것은/결국은/하나의 섬처럼 남는 일입니다."(「섬 1」)라고 말한다. 단독자의 절대 고독 속으로 귀환한다. 그 다음은? 손에 움켜쥐었던 것을 놓아주고 떠나는 것이다. 다시 말해 실재의 소멸을 가리키는 소실점을 향해 걸어가는 것이다. 삶은 그 이상도 아니고 이하도 아니다. 시인은 '이렇듯이 흘러가노라면/어디쯤의 시공(時空)에서/나는 부재(不在)일까.'(「구름」, 『새떼들이 가고 있네』, 2003)라고 쓴다.

2.

과거는 돌아오지 않는 미래다. 우리는 그 오지 않는 미래에 발을 딛고 서서 다가오는 미래를 보며 산다. 사실 미래는 보이지 않는다. 그러니 보는 것은 늘 과거다. 바라봄보다 더 과거에 존재를 이룬 것들, 과거로써 현재의 외피를 뒤집어쓰고 있는 것들, 항상 바라봄에 앞서는 것을 볼 따름이다. 바라봄은 현재가 아니라 옛날이며 과거인 것의 포식(飽食)이다. 늙는다는 것은 시간과 함께 흐르는 것이고, 흐르면서 많은 사라지게 하는 것들을 배우는 시간이다. 보라, 은빛 갈대들이 바람에 흔들린다. 흰 눈에 덮인 은빛 갈대가 먼저고, 바라봄은 그 다음이다. 은빛 갈대는 '나'의 바라봄에 선행하는 과거다. 그것의 흔들림은 과거의 현재됨이다. 은빛 갈대의 흔들림과 '나'의 늙어감은 하나로 겹쳐진다. 늙음은 과거와 그 과거보다 더 오래된 옛날의 시간으로 돌아가는 것, 선조들의 삶으로 덧없이 회귀하는 것이다. '나'는 과거를 현재로 끌어당기면서 흔들린다. 현재로 끌어당긴 과거는 존재의 안쪽에 쌓아가는 갚을 길 없는 빚이다. 도덕적인 자에게 늙음이 서러운 까닭은 그 빚이 자꾸 쌓일 뿐 갚을 길은 점점 더 요원해짐에 있다.

> 머리에 흰 눈(雪)을 쓰고 서 있는
> 은빛 갈대들에게서 배웠네.
>
> 이 세상 바람이 살랑살랑 불면
> 살랑살랑 바람에 흔들리며
> 흔들리며
> 소슬한 바람도 즐기며 즐기며
> 그저 늙어갈 수밖에 없다는 것을.
>
> ―「늙어가는 법」 전문

늙어감은 늙어갈 수밖에 없음이다. 그게 불가피한 필연이라는 사실! 당연한 것이지만, 새로운 발견이다. 송하선 시인의 이번 시집은 늙어감의 생태와 늙음에 대한 그윽한 관조, "늙어가는 법"에 대한 철학을 보여준다. 사람은 늙어감에 따라, 시간의 체험은 간절해지고 그것을 극화하는 경향이 있다. 한 소설가는 "시간은 앞으로 흐르지 않고, 눌러앉고, 둘러싸이고 전(前)도 후(後)도 없이 더해진다."고 적는다. 시간은 앞과 뒤를 가리지 않고 더해지는 것이면서 동시에 존재 안으로 밀려들어와 쌓인다. 그리고 시간은 종종 마술을 부린다. 시간 때문에 "기억은 주어지는 상황에 더욱 도취감을 부여하고, 시야의 전경에 나타나는 이미지에는 후광이나 반향을 제공한다."(파스칼 키냐르, 『옛날에 대하여』) 송하선 시인의 「저녁놀」이나 「저녁놀 앞에 서 있을 때」를 보라. "더없이 아름답게 스러져가는/저 붉은 낙조의 순간을 지켜보는 것은/그대와 내가 이미/적막한 황혼길에 접어들었기 때문이다."(「저녁놀」), "해가 솟을 때보다/더욱 아름다운 것은/서녘으로 떨어지는 순간이다."(「저녁놀 앞에 서 있을 때」) 등등의 구절에 나타나는 "저녁놀" 앞에서의 황홀경은 그 "후광이나 반향" 효과를 잘 보여준다. 송하선 시인을 앞서간 시인이 있다. 미당 서정주 시인이다. 미당은 송하선 시인의 선각(先覺)이다. 송하선 시인은 여러모로 시의 계보학에서 미당의 정신적 직계(直系)다. 다음과 같은 시를 보라.

새우마냥 허리 오구리고
누엿누엿 저무는 이 황혼을
언덕 너머 딸네 집에 가듯이
나도 인제는 잠이나 들까.

굽이굽이 등 굽은
근심의 언덕 너머
골골이 뻗치는 시름의 잔주름뿐,
저승에 갈 노자도 내겐 없느니

소태같이 쓴 가문 날들을
여뀌풀 밑 대어오던
내 사랑의 봇도랑물
인제는 제대로 흘러라 내버려 두고,

으시시히 깔리는 머언 산 그리메
홑이불처럼 말아서 덮고
엇비슥이 비끼어 누어
나도 인제는 잠이나 들까.
— 서정주, 「저무는 황혼(黃昏)」 전문

 미당 서정주는 마흔 줄에 들어서면서 이미 노경의 예감을 시로 썼다. "새우마냥 허리 오구리고/누엿누엿 저무는 이 황혼"은 바로 과거가 되는 현재의 달려듦이다. 현재를 과거로써 받아들이면, 그것은 과거가 됨으로써 더 찬란한 현재성의

광휘를 뿌린다. 빛은 덧없이 짧은 찰나에 사라지고 곧 어둠이 온다. "황혼"은 다가올 어둠의 전조(前兆)다. 그것은 현재의 빛과 다가올 어둠 사이에 걸쳐져 있다. 아울러 그것은 돌이킬 수 없는 빛, 피할 수 없는 어둠이다. 시인은 "소태같이 쓴 가문 날들"을 되새긴다. "으시시히 깔리는 머언 산 그리매"는 이미 존재의 주변에 도래해 있는 과거의 시간들, '나'라는 존재가 없었던 옛날이다. 시인은 그것을 현존이 품은 부재로써 겪어내면서 능청을 떤다. "엇비슥이 비끼어누어/나도 인제는 잠이나 들까." 미당에게서 능청을 빼면, 그 자리에 담백하고 조촐한 송하선 시인의 시적 점잖음이 남는다.

　　늙은 소 한 마리가 도축장으로 갑니다.
　　어디로 가는 길인지
　　그것이 마지막 가는 길인지도
　　모르는 채
　　주인의 손에 이끌리어 가고 있습니다.

　　한평생의 노동의 시간을 뒤로 하고
　　오직 주인만을 위해 살아온
　　한평생의 희생의 시간을 뒤로 하고
　　이제는 제 살점 바치는 곳으로
　　주인의 손에 이끌리어 가고 있습니다.

　　고삐 쥔 주인은 가는 곳을 알 테지만

가는 곳을 모르는 채
늙은 소는
성자(聖者)처럼 순교자처럼
한 발 한 발 묵묵히 걸어가고 있습니다.

서편 하늘에는 저녁놀이 곱습니다.
땅거미 들 무렵 물안개가
강물 위에 희부옇게 흔들리고 있습니다.
우리들이 건너야 할 저세상 길도
아마 저런 풍경일 듯 싶습니다.

저런 풍경 속으로 어느 날엔가
우리들의 영혼의 몸짓
늙은 소처럼 아른아른 갈 것입니다.
주인의 손에 이끌리어
가물가물 걸어갈 날 있을 것입니다.

— 「늙은 소가 가는 길 (1)」 전문

"고삐 쥔 주인"의 손에 고삐가 잡혀 "도축장"으로 가는 "늙은 소"는 성자(聖者)고, 순교자다. "고삐 쥔 주인"은 늙은 소가 가야 할 길을 알지만, "늙은 소"는 어디로 가는지 모르는 채 묵묵히 길을 간다. 시인은 "우리들이 건너야 할 저세상 길도/아마 저런 풍경일 듯 싶습니다."라고 적으며 "늙은 소"의 그것을 사람의 "영혼의 몸짓"으로 슬쩍 바꿔놓는다. 우리의 "고삐 쥔 주인"은 누구인가? 그것은 "시간"이다. 우리는 어머니의 자궁이 아니라 "시간"의 자궁에서 수태하고 우리를 기른 것도 "시간"이다. 우리가 수태되던 그 시각, 우리는 그 자리에 없었다. "시간"만이 그 수태를 지켜본 증인이다. 우리 삶의 모든 흔적은 "시간"이 지나간 흔적인 것이다. "시간"은 없는 채찍을 휘두르며 우리 몸뚱이를 "노동"에 몰아넣어 비통한 음악을 연주한다. 누구나 시간의 누적(累積)이란 고삐에 잡혀 이끌려간다. 지구에 생명체가 출현한 40억 년 이래 어떤 생명체도 시간에 붙잡혀 끌려가지 않는 생명체란 없었다. 우리는 영문도 모른 채 "시간"에 이끌려간다. 마침내 "시간"은 우리를 "저녁놀" 아래로 데려다놓는다. 우리는 "저녁놀" 아래에서 무엇인가를 보기 위해 눈을 깜빡인다. 우리의 존재 이전에도 시간이 있고, 존재 이후에도 시간이 있다. 우리는 "시간"이 우리의 고삐를 쥔 주인이었음을 깨닫는다. "저녁놀" 아래에서 "한평생의 희생의 시간"이 막을 내리는 것을 본다. 산다는 것은 모든 살점을 통째로 "시간"에 바치는 것이다.

> 이 가을 누가 또 떠나고 있나보다.
> 저 멀리 화장장에선
> 연기가 피어오르고, 피어오르는
> 연기처럼
> 누가 또 이 세상을 떠나고 있나보다.

보이지 않는 어둠을 뚫고
살아온 한평생, 그 세월의 무게를
아주 내려놓아버리고
이제는 죽지 부러진 영혼의 날개로
어딘가의 하늘을 날아가고 있나보다.

삶이란 결국은 혼자서 걷는 길
떠날 때도 결국은 홀로 가는 길,
오직 한 사람 함께 가고 싶겠지만
마지막 이름만 부르다가
홀로 돌아갈 수밖에 없는 길.

이 가을 누가 또 떠나고 있나보다.
저 멀리 화장장에선
연기가 피어오르고, 피어오르는
연기처럼
누군가의 영혼이 날아가고 있나보다.

—「가을의 시」 전문

 화장장에서 피어오르는 연기란 무엇인가? 시간의 왕국을 떠나는 누군가의 영혼이다. 영혼의 탈(脫)——공시화(空時化)! 연기는 시간 속에서 나와 초시간 속으로 흩어져 사라진다. 시간은 모든 존재를 시간 밖으로 데려간다. 삶이란 시간이 우리를 시간 밖으로 데려가는 과정이다. "삶이란 결국은 혼자서 걷는 길/떠날 때도 결국은 홀로 가는 길,"인 것을! 죽음

만이 그 길에 마침표를 찍게 한다. 죽음으로 시간 밖으로 사라진 우리는 과거가 되고 옛날이 된다. 죽은 자는 지나간 시간 속에, 과거 속에, 옛날 속에 사는 자들에 다름 아니다. 옛날은 죽은 자들의 고향이다.

모든 시집에는 그 시집의 세계를 하나로 아우르는 핵심어, 즉 원초의 이미지가 있다. 송하선 시인의 이번 시선집에서 유난히 두드러지는 것은 "저녁놀"과 "죽지 부러진 새"의 이미지다. 특히 "죽지 부러진 새"는 같은 제목의 연작시도 있을 뿐더러 여러 시편에 나온다. "죽지 부러진/새처럼/이제는 다시 날아갈 수 없네."(「죽지 부러진 새 (1)」), "죽지 부러진 새들은/어디 의지할 대상도 없이/나무들 사이에서 비껴가며 산다."(「죽지 부러진 새들 1」, 『그대 가슴에 풍금처럼 울릴 수 있다면』, 2011), "죽지 부러진 새들은/아직은 그 영혼이 맑을 것이다./ 멀뚱벌뚱 눈을 껌버거리며/아직은 죽고 싶지 않은/눈망울을 부릅 뜨고 있을 것이다."(「죽지 부러진 새들 2」), "죽지 없는 영혼의 날개로/대문밖을/어떻게 나서나?/날아가서 어느 별에/무엇으로 남아야 하나?"(「저승이 대문 밖인데」)…… "죽지 부러진 새"가 말하는 바는 모호하지 않다. 그것의 의미 표상은 기능 상실을 가리킨다. 아울러 이것은 나이 들어감과 관련이 있다. 나이 들어감은 대개는 상실로써 경험한다는 사실에 비추어보자면, "죽지 부러진 새"는 상실

밑에 깔린 무엇을 할 수 없음에 대한 절박함으로 그 빛을 발한다. 우리는 나이가 들면서 자연스럽게 젊음의 뻗치는 기세, 활력, 능동성을 하나씩 잃어버린다. "죽지 부러진 새"가 되는 것은 자연스러운 현상이라는 뜻이다. 허나 나이듦이 늘 상실과만 연계되는 것은 아니다. 그것은 삶을 하나의 전체로써 그윽하게 바라볼 수 있는 고즈넉한 시간을 준다. "인간만이 태어나기 이전에 대한 지식과 사후에 대한 개념을 갖고 행동의 길잡이로 삼는다."(P. B. 메더워, J. S. 메더워, 『생명과학』) 자연 수명의 끝에 다가가면서 사람은 개체 생명의 최후를 예견한다. 사람은 누구나 살아온 날들을 되짚어보는 생의 고고학자이자 생 이후의 날들을 가늠해보는 예언자다. 노경의 지혜를 얻은 사람만이 젊음의 오만한 영혼에서 풀려나온다. 나이가 들면서 비로소 우리는 젊음의 오만한 영혼에 갇혀 있을 때 보지 못하고 느끼지 못했던 것들을 보고 느끼게 되는 것이다. 그리하여 지난날들의 뜻을 되새기고 앞으로 올 날들을 기대하며 그걸 바탕으로 "행동의 길잡이"를 삼는다. "죽지 부러진 새"는 하산, 이별, 떠남, 조락, 낙화, 입적, 소멸의 심상들과 합쳐지며 노경(老境)의 삶에 대한 정조를 한결 또렷하게 드러낸다.

죽지가 부러져 날지 못하네.

달은 아직도 저리 웃는데

즈믄 밤 즈믄 날 웃고 있는데,

죽지 부러진
새처럼
이제는 다시 날아갈 수 없네.
─「죽지 부러진 새 (1)」 전문

"죽지가 부러져 날지" 못하는 새! 이게 늙어감의 실상이다. 늙어감에 대한 부정적인 인식이 엿보이는 대목이다. "고작해야 사람은 시간의 시체일 뿐이다."(칼 마르크스) 늙어감은 서서히 다가오는, 오, 시간의 시체다! 시인은 결핍을 통해 늙어감의 비애라는 실감과 만난다. 날아갈 수 없는 '지금', 시간의 시체에 가까워지는, '지금'은 시간이 얼마 없다. 달은 웃고 있지만, 새는 죽어가고 있다. "'지금'은 좁지만(그리고 그것은 정말 좁다) 그래도 두 개의 변두리를 가지고 있다. 하나는 닫혀 있고 다른 하나는 열려 있다. 뒤쪽 변두리는 모든 변화의 가능성을 닫아버리고, 미래를 향한 앞쪽 변두리는 모든 변화를 허용한다. 우주와 그 안에 담긴 만물은 이 좁다란 핀의 꼭대기에서 춤추는 천사들과 같다. 움직이는 모든 것(행성, 나비, 축구 게임, 졸고 있는 원숭이, 발레리나, 숙성되는 와인)은 과거라는 뒤쪽 변두리의 동결 행위에 의해 즉시 영원한 역사의 조각 속에 갈무리 된다."(크리스토퍼 듀드니, 『세상의 혼─시간을 말하다』) '지금'은 이미 과거로 넘어가는 시간이다. "영원한 역사의 조각"으로 남는다. 지금 너머는? 다시 지금이다. 날마다 화창한 아침의 고요는 오고, 봄마다 복사꽃 과수원은 만화방창 꽃들로 벌들이 잉잉댄다. 이것도 지금이다. 바로 지금 속에서 시인은 홀연 둥근 긍정에 든다. 둥근 긍정에 들며 노년기가 "복사꽃 웃음판의 과수원에는/늙은 소년들의 '웃음' 인자도/섞여 있나봐요."(「과수원에서」)라는 깨달음에 이른다. 이 구절은 서정주의 「상리과원(上里果園)」에 나오는 절구 "우리 조카딸년들이나 그 조카딸년들의 친구들의 웃음판"에 상응한다. 이 질편한 웃음판 앞에서 근심이나 걱정 따위는 단숨에 녹아버린다. 지금을 충만하게 사는 모든 자는 지혜를 가진 "늙은 소년"이다.

> 복사꽃들의 웃음 속에는
> '평화' 인자들이 섞여 있나봐요.
> 이른 봄날 과수원에서
> 복사꽃 웃음판 속에 묻혀 있으면
> 그 평화로운 웃음들이
> 우리들 영혼에도 전이되어
> 더없이 평화로워지거든요.
>
> 복사꽃 웃음판의 과수원에는
> 늙은 소년들의 '웃음' 인자도
> 섞여 있나봐요.
> 어쩌면 무릉도원에나 살고 있을

늙은 소년들의 바알간 웃음
그 웃음들이 이 과수원에서는
자꾸만 보이거든요.

늙은 소년들의 웃음판 속에
묻혀 있으면
우리들도 마침내
무릉도원에 와 있는 것 같거든요.

― 「과수원에서」 전문

  과수원에 만개한 복사꽃 웃음판과 같이 질펀하게 울려나오는 "늙은 소년"들의 웃음들은 황홀하지 않은가. 여기에는 어떤 속박도 죄도 칙칙함도 없다. 오로지 환하다. 환한 웃음판이 "무릉도원"이다! 지금은 착한 시간이다. 그래서 "늙은 소년"들은 바보가 되어 웃는다. "나도 그 집에 갈 때에는/늙은 소년이 되어/복사꽃처럼 웃으며, 바보처럼/가물가물/영원한 그 집으로 가고 싶다."(「머나먼 그 집」), "이승의 사람들/저녁 안개 속으로 희미해지고/오히려 저 세상의 늙은 소년들이/바보처럼/히죽히죽 웃고 온다는 것."(「우리는 알고 있지」 제7시집) 오로지 바보만이 만물을 먹어치우는 시간이란 야만(野蠻)의 대식가(大食家)와 맞설 수 있다. 바보는 시간을 넘어선다. 시간 너머에 있는 "무릉도원"에 든다. 스스로 바보가 되는 것, 웃는 것, 환한 웃음판으로 지금 여기를 무릉도원으로 만드는 것, 그게 "늙은 소년"들의 지혜다!

저자 **송하선**(宋河璇)

  1938년 전북 김제에서 태어나 전북대 및 고려대 교육대학원 등을 졸업했고, 중국문화대학에서 문학박사 학위를 받았다. 1971년 『현대문학』에 작품을 발표하며 문단에 등단했다. 1980년 우석대 교수로 부임하여 도서관장, 인문사회대학장 등을 역임했고, 현재 우석대 명예교수이다.
  시집으로 『다시 長江처럼』 『겨울풀』 『안개 속에서』 『강을 건너는 법』 『가시고기 아비의 사랑』 『새떼들이 가고 있네』 『그대 가슴에 풍금처럼 울릴 수 있다면』, 저서로 『詩人과 眞實』 『韓國 現代詩 理解』 『中國 思想의 根源』(공역) 『未堂 徐廷柱 硏究』 『한국 현대시 이해와 감상』 『시인과의 진정한 만남』 『한국 명시 해설』 『서정주 예술 언어』 『夕汀 詩 다시 읽기』 『시적 담론과 평설』 『송하선 문학 앨범』 『未堂 評傳』 등이 있다.
  전북문화상, 전북 대상(학술상), 풍남문학상, 한국비평문학상, 백자예술상, 목정문화상, 황조근정훈장 등을 수여받았다.